51
Lb 2988.

Tout

GARDE NATIONAL

Ne doit pas être

ÉLECTEUR.

IMPRIMERIE LANEFRANQUE, PLACE SAINT-PROJET, 14.

TOUT GARDE NATIONAL

NE DOIT PAS ÊTRE

ÉLECTEUR.

LETTRE

ouverte

A LA GARDE NATIONALE DU ROYAUME,

Écrite

Par B. Kaim.

« ..... J'écris avec le sang de mon cœur
» et le suc de mes nerfs. »

Bordeaux,

Librairie de Paul Chaumas-Gayet,

17, FOSSÉS DU CHAPEAU-ROUGE.

1839.

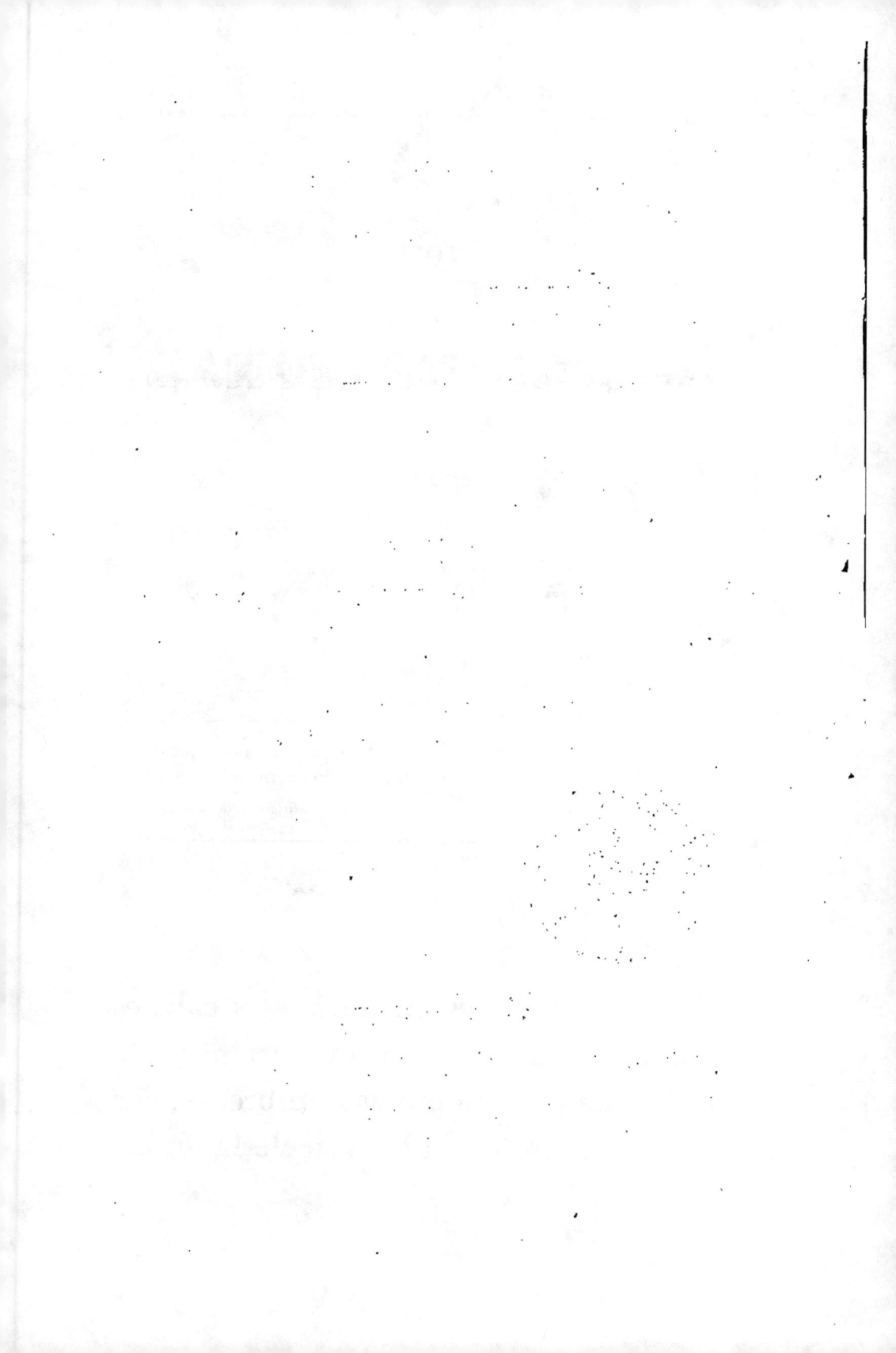

TOUT

GARDE NATIONAL

NE DOIT PAS ÊTRE

ÉLECTEUR.

> « ..... J'écris avec le sang de mon cœur
> » et le suc de mes nerfs. »
>
> *(Un Auteur Allemand.)*

DE tout temps les intrigues, les cabales
et le charlatanisme ont su entraîner une
multitude plus ou moins nombreuse, car
de tout temps et en tout siècle la multi-

l'objet déjà vu, c'est à nous de l'examiner avec un scrupule religieux, c'est à nous enfin de le rejeter ou de le choisir, suivant notre conviction, pour braver ainsi un avenir peut-être plus funeste que nous ne saurions le supposer, et qui se déroule sur nous comme ces lavines invincibles qui se détachent des montagnes pour ensevelir à jamais le voyageur imprudent qui s'est hasardé à travers elles.

C'est *ainsi* que nous devons regarder la question de la réforme électorale, c'est ainsi qu'il faut la juger; et nous devons, par conséquent, nous demander scrupuleusement si cette question est une nouveauté, c'est-à-dire, *si c'est une question neuve, si c'est un bien ou un mal!*

Mais avant de trancher ces questions, jetons en passant un coup-d'œil, et sur les hommes dépositaires de la fameuse cassette, et sur les procédés avec lesquels on vous offre la nouveauté en question.

Nous savons fort bien que le *nom* du médecin importe peu au malade pourvu qu'il guérisse de sa maladie par le remède du médecin, et en *ce* sens, nous contesterions à nous-mêmes le droit de nous occuper de ces hommes; mais nous savons aussi, et nous le savons par une fort bonne expérience, que souvent encore le préjugé du médecin rend une maladie réelle, qui, avant son apparition, n'était qu'imaginaire; et considérant les crieurs de la réforme électorale comme un *tel* médecin, nous avons le droit, et c'est même un devoir pour nous, d'appeler sur eux de toutes nos forces l'attention publique, et nous pouvons avec franchise aborder une première question, qui, par conséquent, n'entre pas pour peu dans le sujet dont nous nous occupons actuellement.

Si donc nous demandions *qui sont ces hommes ?*

Nous trouverions aisément la réponse, que *généralement* ce sont ceux qui font de la politique — et comprenons le mot ! — *qui font du salut public*, *qui font de l'avenir du peuple* une marchandise ! A tout temps, et fût-il pour eux le plus mauvais, vous les voyez sur le marché ; là, ils étalent leurs objets et les vendent à vil prix pour écraser ce qu'ils appellent le concurrent, et nous ne serions jamais étonnés qu'au premier abord une multitude de braves gens les crût, leur achetât même un objet que la pompe des éloges prodigués par les vendeurs sait rehausser chimériquement, et que cette multitude, dans sa bonne foi, oubliât que tout ce qui est bon marché devient *en général* d'autant plus cher.

Voilà l'exposé vrai et sans exagération de cette opposition, qui propose et qui soutient le projet de réforme électorale; voilà ses procédés, voilà ses faits!

Nous comprenons sans peine une opposition dans un état purement politique, où, du moins, tout se penche vers la politique et tout la respire. Il y a presque dans tout esprit, et fût-il des plus calmes, *un penchant à la contradiction*; ce penchant devient plus fort, à mesure que l'idée primitive trouve son soutien dans un nombre d'hommes plus imposant. Le spectateur d'un pareil combat prend bientôt fait et cause pour cette idée d'opposition qui, par la faiblesse de l'isolement, n'aurait su se maintenir long-temps contre la masse, auteur de l'idée ou du fait en discussion. C'est là, nous le croyons du moins, l'origine de toute opposition qui triomphe ou qui succombe, suivant le nombre de membres dont elle se compose, ou *suivant la valeur de ses raisonnements*. Et loin de la blâmer dans son entier, nous croyons même, que de temps à autre, une opposition *conçue dans une pure conviction* (CAR MÊME DANS UNE DIRECTION FAUSSE ON PEUT PARFOIS AVOIR LA CONSCIENCE D'UNE BONNE VOLONTÉ), puisse exercer une influence salutaire sur la marche des événements par les éclaircissements que les pourparlers doivent nécessairement produire au grand jour. Si tel est le cas, si tel est le résultat d'une opposition victorieuse ou battue, nous ne devons point oublier de lui savoir gré pour le courage consciencieux qu'elle a su déployer en rivalité avec son adversaire ; *car la conscience a toujours droit plein et entier à la reconnaissance publique.*

Mais est-ce bien aussi après *ce* tableau-là que nous devons regarder l'opposition qui en ce moment agite et fait agiter la question de réforme électorale ?

Qui oserait nous répondre affirmativement, si ce n'est cette opposition elle-même ?

Dans ce corps, nous voyons sans beaucoup de difficultés ceux qui voudraient ramener la France à huit ans de retard, et ceux qui voudraient d'un coup-de-main conduire leur patrie à ces siècles qui appartiennent à un avenir encore trop éloigné de nous. Ils se disputent réciproquement le laurier d'auteur pour l'invention de la question qu'ils ont jetée dans le public ; et ils regardent leur triomphe comme une chose décidée d'avance !

Sans *vouloir* faire et sans faire *en réalité* grand tort à ce parti , qui a la vue un peu trop longue, nous nous permettrons pour quelque peu de temps de donner le laurier *(sans feuilles)* à celui qui s'est couvert de cendres depuis le 27 Juillet 1830. Examinez-le de la tête aux pieds; et remarquez bien , c'est lui qui vous offre le premier une réforme électorale , c'est lui qui *feint* de vouloir que tout garde national soit électeur dans son pays , et demandez-lui , après cette offre de bienveillance apparente :

1°. N'est-ce pas vous qui avez pris le deuil lorsqu'on nous a appelés au triomphe de la patrie ?

2°. N'êtes-vous pas notre ennemi juré ?

3°. Sauriez-vous maintenir votre projet avec la même franchise que vous le dites aujourd'hui, si le malheur voulait que la branche aînée reprît le trône français ?

4°. Oseriez-vous alors, de même qu'aujourd'hui, vous disputer le droit d'auteur de la mesure projetée ?

Et vous le verrez pâlir ; il hausse les épaules et il vous tourne le dos, — après quoi il vous reste à vous-mêmes de juger de sa conscience, de la franchise avec laquelle il a prétendu vous présenter une mesure si capitale.

Oui, vous vous appercevrez bientôt que les deux partis réunis, républicain et légitimiste, forment le vésuve de la France, qui crache son feu sans réserve et sans pitié. Conduisez ces partis au pied de la statue de ce Grand-Homme, dont le nom ne saurait périr, de cette gloire

de votre patrie, et l'un d'eux vous dira avec *dédain* : « C'est un fils de la liberté ! » Et l'autre, dans sa démocratie outrageante, murmurera : « Il a assassiné sa mère ! » Et cependant, du haut de sa colonne, l'Empereur vous répète : « *Français.... j'aimai ma patrie!* » Et vous conprenez tous la sincérité de cet amour ! Ce mot est grand, il est immense ! L'*Amour n'est conçu que par ceux qui* SAVENT *aimer !*

Vous le voyez donc, le Grand-Homme, que l'Europe entière a su admirer, autant pour sa politique et son amour de la patrie que pour son héroïsme ; vous le voyez, cet homme qui vous *aima* est dédaigné par eux ; et vous, enfants de la gloire, fils du patriotisme, vous voudriez laisser approcher de vous ceux qui, pour trouver votre appui, commencent aujour-

d'hui par *flatter* votre amour-propre ?
Point de flatterie ! éloignez-les, et après
cet éloignement, nécessaire pour l'im-
partialité qui convient au juge, livrez-
vous à l'examen de leur offrande.

Donc, en recherchant le mérite de
cette proposition, nous retournons aux
questions déjà posées, et nous commen-
çons par la demande : La proposition de
la réforme électorale est-elle neuve ?
Sans vouloir voyager jusqu'à l'Angleterre,
qui n'a jamais ni *voulu*, ni *pu* montrer
à la France sa rivale le chemin du salut public, sans vouloir nous perdre dans
le pays d'outre-mer, où l'*agitation* pour
la réforme électorale fut (suivant la mé-
thode O'Connel) à son comble avant
que l'on y pensât en France, il est aisé
de se rappeler qu'en 1830 déjà on a agité
cette question qui peut avoir son impor-

tance là où elle a *besoin* d'être posée, là où l'on aborde son côté *sérieux*. Ainsi, nous voyons que là nous ne trouverons point sa nouveauté ; mais enfin où est-elle cachée ? — car il faut bien qu'il y en ait une, puisque, comme nous l'avons déjà dit, on se dispute le droit d'invention ! — A coup sûr, sa nouveauté existe uniquement dans la bizarre et étrange mystification à laquelle l'opposition cherche à réduire le droit électoral.

« L'adoption de la proposition de ré-» forme électorale produira-t-elle un » bien ou un mal dans la France ? » En arrivant à cette seconde question, nous devons déclarer, sans hésitation aucune, que le résultat d'une telle démarche ne saurait produire qu'*un mal efficace*, et là-dessus, notre conviction a été formée *par raison et par droit*.

Et préalablement encore, nous ferions bien de nous assurer si l'état actuel de la loi électorale a effectivement besoin d'une réforme quelconque. Ici la négative ressortira de la même manière que des autres questions, si nous tâchons de nous éclairer consciencieusement sur la source où l'on puise un pareil désir. En effet, approchons-nous de sa base impure, et nous verrons qu'elle s'établit sur une prétendue intervention ministérielle dans les élections. Cette assertion, ou plutôt cette *supposition*, car les *preuves* lui ont manqué de tout temps, quoique de tout temps aussi l'opposition ait voulu soutenir le contraire, cette simple supposition a déjà été publiquement repoussée avec toute l'énergie nécessaire par le ministre actuel de l'intérieur, et cela même nous dispenserait de revenir sur cette querelle, si toutefois telle peut être sa qualification. Mais admettons même, dans un cas des plus rigoureux, qu'une telle supposition soit vraie; cela ne prouverait qu'une chose : c'est que le tort d'une pareille intervention retombe évidemment sur cette opposition qui, *étant opposition par principe,* fait, même dans le cas le plus inoffensif, constamment craindre ses attaques, contre lesquelles le ministère doit *forcément* se tenir en garde. Ne serions-nous pas, par exemple, tous d'accord qu'un bon général doit reconnaître son terrain avant de livrer bataille ? Eh bien ! en France, le terrain d'un ministère, quel qui soit, sachant d'avance que ses meilleures dispositions, que ses vues les mieux concertées seront impitoyablement attaquées, consiste dans la force, dans la majorité de ses partisans !

Nous arrivons donc à un CONCLUSUM bien motivé que l'émission du désir de la réforme électorale ressort du vœu ardent de l'opposition de se voir partout en majorité suffisante pour donner libre cours à ses fougueux projets.

Tel est le résultat inévitable des considérations d'un examen mûr et réfléchi sur la *généralité* de la question, dans ce temps où la France est, sans contredit, dans un état de prospérité, dans ce temps où le chef de l'état a su, par une sage prudence, se concilier la plupart des esprits. Et voici maintenant nos réflexions sur le détail de la proposition :

Tout ce détail, et, par conséquent, toute la pétition, est un nouveau système de vexations que l'opposition s'est empressée de préparer pour la session prochaine ; mais dans la grande joie dans

laquelle on a été plongé, on a fort probablement oublié que des décombres d'un ministère renaît un ministère.

Tout ce détail n'est qu'un pur *équivoque ;* et nous devons surtout reprocher à ce bon parti républicain d'avoir recouru à ce masque ; car, en proclamant franchement le désir *que toute la nation sans exception aucune soit électeur,* nous aurions, dans une *telle* manifestation, du moins vu la main cordiale que ce parti modeste tend tout aussi-bien au chiffonnier qu'à un des premiers banquiers de la capitale ; mais c'est probablement en adhérant au vœu de son frère le légitimiste, qui n'est pas encore parvenu au degré de perfectionnement sous le rapport de l'égalité comme son frère cadet, c'est fort probablement en raison de la politesse que l'on doit principalement à une nouvelle connaissance, *surtout si l'entrevue ne peut être que d'une fort courte durée*, c'est fort probablement à cause de ces raisons-là, que l'on a *formulé* le désir primitif en ces mots : Tout garde national doit être électeur! Certes, il faut avouer que si l'on avait dit : « la nation, » c'eut été un peu vulgaire pour les hommes de l'ancien régime !

Au fait, nous sommes tous d'accord que la pétition, *dite de la Garde Nationale*, exprime en termes non vagues, et même en termes fort explicites, *que c'est la nation qui doit être électeur*. Saurait-on nous contredire ? Saurait-on nous faire croire que ce n'est pas le suffrage *universel* que l'on demande ? — Les rangs des gardes nationaux ne sont-ils pas ouverts à la nation tout entière ? Est-ce que

le mot *national* n'exprime pas suffisam-
ment cette assertion? est-ce à nous,
à nous auteur de ce petit écrit, de
l'apprendre à cette opposition étymolo-
giste? — Oui, tel est le sens de la pétition! Et savez-vous ce qui en résultera?
C'est que dès demain, *si l'on osait croire
à l'adoption d'une telle formule,* tout
homme oisif, et qui, dans son oisiveté,
forge des trames *de toute espèce,* en-
trera dans la garde nationale pour avoir,
de cette manière, des armes pour réaliser ses funestes desseins! Vous formez un
projet pour bannir de la Chambre des
Députés ce que vous *croyez* corrompu;
jusqu'à présent, ce n'est qu'une supposition; mais c'est un rêve qui se réaliserait
cruellement pour le pays par l'oisiveté,
la haine et l'ignorance, qui, nécessairement, auraient toutes leur libre cours, si

vous persistiez dans le dogme que vous proposez et si les mandataires du pays voulaient y faire droit. Non, ils ne le feront pas! Satisfaire à toute humeur des têtes foudroyantes, réaliser le projet des *antagonistes éternels*, c'est jeter le pays dans l'abîme, dans un abîme pareil à celui duquel en France on n'a pu se délivrer que par une échelle miraculeuse! Oui, c'est anéantir ces fruits précieux que la terre a fait naître par le bienfait de la paix, cette aurore d'un avenir riant. C'est évoquer l'anarchie, c'est appeler à tout pas la mort, dont l'apparition ne fait trembler que celui qui ne s'y est point attendu!

Et croira-t-on que nous fesons ici un tableau exagéré? — Non, nous restons dans le vrai; nous ne peignons qu'un avenir terrible qui ne saurait manquer

2

par le suffrage universel, mais qui, nous en sommes sûrs, ne *restera* qu'une simple proposition.

Demandons-nous, qu'est-ce qu'élire? et, *en conscience*, nous répondrons : *C'est une sainte prérogative!* Or, la prérogative se perdrait si le suffrage devenait *universel! Élire*, c'est un droit des plus grands ; c'est choisir celui qui doit défendre le maintien et la dignité de la patrie, et ce sont là vos propres intérêts, ce sont les intérêts de votre famille! Et s'il est vrai que la conscience doit prévaloir, dans un tel choix, à toute autre considération, il n'est pas moins vrai qu'une telle conscience doit surtout être *éclairée*, et, si cela se peut, autant par *l'intelligence que par des sentiments purs et nobles* ; car vous avez à vous assurer si l'homme que vous choisissez

peut donner son opinion, son vote, sur
toute espèce de question, et aussi bien sur
un projet d'instruction que sur un projet d'industrie, aussi bien sur la politique
que sur le commerce. Croyez-vous obtenir un pareil défenseur, que vous ambi-
tionnerez sans nul doute, si, par le suffrage universel, vous ouvrez les portes à
toute sorte de sentiments ignobles? *Sauriez-vous* les exclure? Et *vouloir* les exclure, ne serait-ce pas violer la loi que
vous provoquez? Ne serait-ce pas, après
un *tel* manifeste, le *début* de l'anarchie?
— L'incapacité, l'ignorance, l'ambition,
la rancune, la haine et toute sorte de
vices, que, par suite de la fameuse pétition, vous auriez introduits dans le rang
des électeurs, vous les auriez également
perpétués, *perpétués*, disons-nous, dans
cette enceinte que vous devez respecter;

car c'est de là , *c'est de ce Sinaï divin,*
que partent les lois protectrices de votre
patrie. Pour obtenir de telles lois , il vous
faut des hommes capables *qui , certes ,*
ne se trouvent nulle part en masse , et
pour les trouver il faut *savoir* distinguer;
il faut *savoir* élire , et pour élire , il faut
s'y entendre ; il faut, en un mot, des con-
naissances.

Oui, la volonté du peuple est une chose
précieuse ; mais ici l'opposition se réfu-
gierait vainement sous cette enveloppe ,
elle réclamerait cette protection à faux
titre , car le peuple ne veut pas , et ne
peut pas vouloir, ce qui lui montre sa
chute , sa ruine inévitable. C'est l'opposition qui le bouleverse ; ce n'est certes
pas ce parti qui veut marcher *graduelle-*
ment pour lui assurer son avenir !

Pour en donner une preuve éclatante,

observons avec calme cette opposition :
elle tâte le pouls à ce corps législatif, elle
le croit malade et veut y remédier par la
quantité de médecins! Etrange doctrine!
Est-ce encore là le bon sens ou le charlatanisme qui a su enfanter cette idée *cor-
rompue* elle-même et par laquelle on se
flatte pourtant de guérir une *corruption,*
s'il y en a ? Remédier au mal supposé par
un mal, c'est, en vérité, un pas de plus
que l'homéopathie ! ! !

Par conséquent :

I°.

Caresser apparemment la garde nationale du royaume ;

II°.

Exciter ce corps au vice de l'ambition ;

2 *

III°.

Méconnaître la prérogative du droit électoral ;

IV°.

Accueillir l'ignorance et l'oisiveté, ces bases de tous les vices, les propager à toute force ;

V°.

Corrompre ainsi le corps électif ;

VI°.

Dissoudre la chaîne étroite qui existe entre l'électeur et le mandataire ;

VII°.

Perpétuer un scandale désolant et iné-

vitable sur la tribune des mandataires
du pays ;

VIII°.

Rendre toute loi vicieuse, et une légis-
lation, dans son sens le plus étendu,
impossible ;

IX°.

Préparer de cette manière l'anarchie,
tolérer la même monstruosité, qui, vers
la fin du siècle passé, incendia la France
toute entière ;

Tels sont les principaux chefs, qui,
indépendamment des autres considérations accessoires, résultent logiquement
des vues générales qu'une *raison* assez
saine ne peut s'empêcher de répandre sur
le projet charlatanique de la réforme
électorale.

Toucherons-nous, après cet expose que la raison développe d'elle-même, toucherons-nous, sans entrer en vaines déclamations, *le point de droit*, celui-ci nous dévoilera à son tour le résultat suivant :

Soit par bienveillance ou par politesse, soit par permission explicite du réglement de la garde nationale, il est de fait que les étrangers ont pu ou peuvent encore, sans être naturalisés, s'incorporer à cette milice citoyenne ; et toujours il est bien positif qu'actuellement encore il y a bon nombre d'étrangers qui sert dans ses rangs. Mais en même-temps, il est aussi bien certain que la loi française exclut les étrangers, comme elle doit le faire, de toute espèce de droit et de fonctions publiques. Or, le droit électoral appartient évidemment au droit politique, et cependant il serait attribué aux étrangers faisant le service de gardes nationaux ; car la pétition sur la réforme électorale demande un nouvel ordre de choses : elle demande *une loi*, et celle-ci doit être impérative, surtout si l'on voulait faire droit à la question *unique* qui remplit actuellement les colonnes des journaux de l'opposition.

Ainsi, on le voit, la pétition est *vicieuse* sous tous les rapports ; *il lui manque le soutien de la raison et l'appui du droit* ; et, par ces observations aussi simples que naturelles, que nous avons, *en qualité de spectateurs complétement impartiaux*, pu faire *sur un droit des plus importants d'un pays constitutionnel,* nous avons été, dès le premier abord, convaincus *qu'une Chambre éclairée et législative ne pourrait jamais la prendre en considération !!!*

Heureux d'avoir pu saisir une occasion pour porter un nouveau tribut à la vérité, nous sentons encore, avant de finir, le besoin de dire à la France que le mot de prospérité, dont on lui parle si souvent, n'est point un vain mot, qu'il n'est point vainement répété sur son territoire ; et nous ne sommes, *pour cela même*, nullement surpris qu'on trouve parfois dans ce beau pays des hommes qui n'en veulent rien entendre ; car, selon nous, l'histoire des peuples se peint d'après celle des hommes dans leur vie privée ; et souvent l'homme fortuné ne sait apprécier son bonheur aussi bien que le spectateur, *élève de l'infortune*. C'est *ainsi* que nous nous permettons de dire à la belle France, à cette France de 1830, que sur son territoire fleurit et abonde tout ce qui, dans les autres pays de l'Europe, se trouve dispersé ou à peine dans le germe. La *patience* seule saura donc cueillir ces fruits d'une époque mémorable ! *Toute marche forcée prépare la chute de l'enfant qui ne sait point se relever soi-même ! ! !*

www.ingramcontent.com/pod-product-compliance
Lightning Source LLC
Chambersburg PA
CBHW060808280326
41934CB00010B/2602